**Daniel and Bacteria**
Originally published in Portuguese by Binah Editora under the title:
Daniel e as Bactérias
Text © Flavio Alterthum and Fernando Vilela
Illustration © Fernando Vilela
All rights reserved.
This Korean edition 2024 is published by arrangement with
Artebr Ltda – ME (Fernando Vilela de Moura Silva and Stela Barbieri)
through The ChoiceMaker Korea Co.

이 책의 한국어판 저작권은 초이스메이커코리아를 통해
저작권사와의 독점 계약으로 (주)도서출판 한울림에 있습니다.
저작권법에 의해 한국 내에서 보호를 받는 저작물이므로 무단전재와 무단복제를 금합니다.

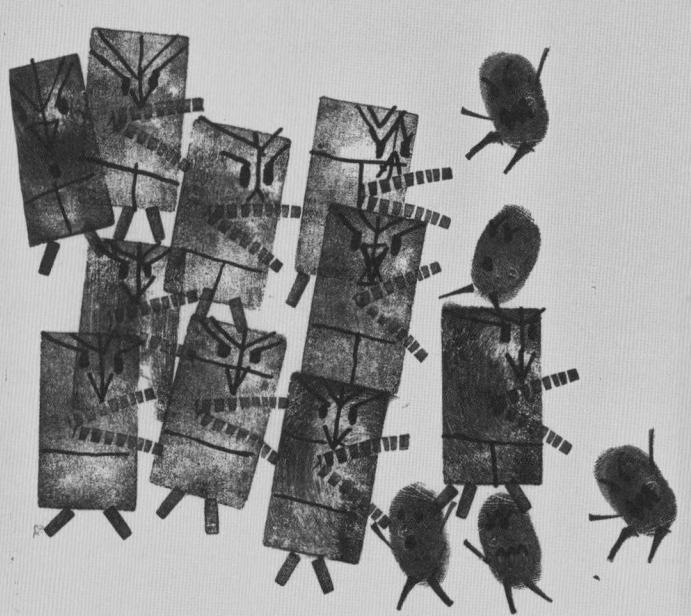

## 다니엘이에요.

**다니엘은 살아 있는 생명체예요.**
키는 110센티미터예요.
방과 후 학교 축구장에서 자주 볼 수 있죠.
다니엘의 꿈은 축구 선수예요.

## 박테리아예요.

박테리아도 살아 있는 생명체예요.
키는 1마이크로미터예요.
너무 작아서 현미경으로만 볼 수 있죠.
박테리아의 꿈은 박테리아 두 마리가 되는 거랍니다.

## 다니엘은 열 살이에요.

엄마를 닮아 오똑한 코와
아버지를 닮아 삐죽삐죽 서는 머리카락을 가졌죠.
정식 이름은 다니엘 마치 애플이에요.
마치와 애플은 어머니와 아버지에게서 물려받은 성이죠.
**다니엘은 집에서 가족과 함께 살아요.**

## 박테리아는 태어난 지 이제 막 두 시간이 되었어요.

복제된 박테리아와 똑같이 생겼죠.
정식 이름은 '황색포도상구균'이에요.
황색의 포도알처럼 뭉친 둥근 모양 세균이라는 뜻이죠.
**박테리아는 다니엘의 피부 위에서 친척들과 함께 살아요.**

다니엘은 사람이에요.

박테리아는 박테리아예요.

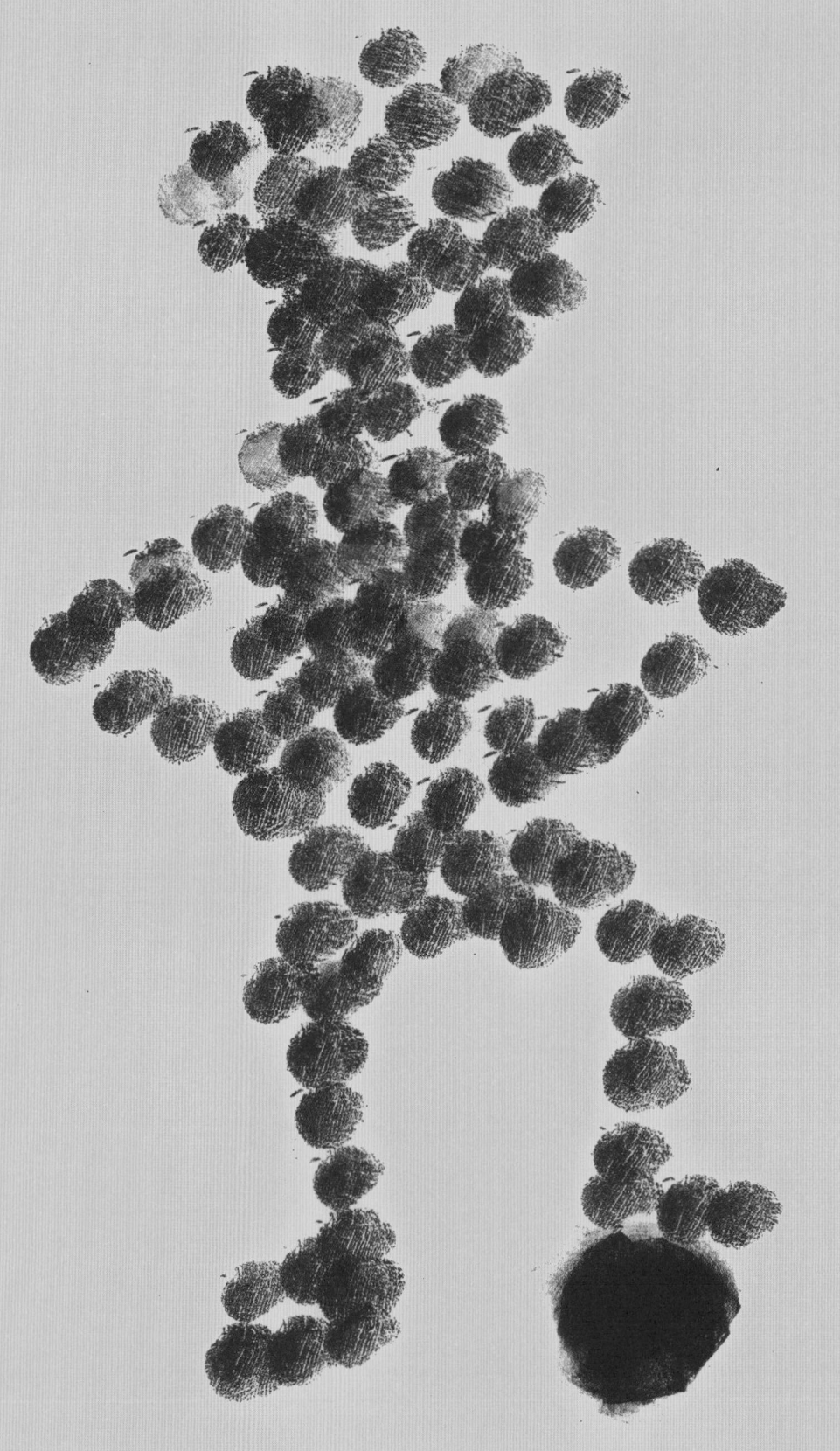

또 다른 차이는 박테리아는 단세포로 이루어졌고,
다니엘은 수십조 개의 세포로 이루어졌다는 점이에요.
각각의 세포들은 언제나 맡은 일을 열심히 해요.
그래서 다니엘은 살아 있고 축구도 할 수 있죠!

## 그런데 잠깐만요!
### 박테리아가 다니엘의 피부 위에서 산다고요?

맞아요! 박테리아는 수많은 친척들과 함께
다니엘의 피부 위에서 살아요.
먹을 수 있는 건 뭐든지 먹어 치우면서요.
박테리아들은 언젠가 절호의 기회가 오기만 기다리고 있죠.

### 마침내 그날이 왔어요!

**다니엘은 섬으로 수학여행을 떠났어요.**
섬에 도착하기까지 아주 오랜 시간이 걸렸죠.

다니엘은 친구들, 선생님들과 함께 버스와 보트를 탔고
마지막에는 트랙터를 타고 해변으로 갔어요.

마침내 목적지에 도착하자,
신이 난 학생들은 바다 옆 운동장에서 축구를 시작했어요.
다니엘은 오늘 꼭 골을 넣고 싶었죠!

**마침내 공을 잡았을 때,**
다니엘은 상대 선수 두 명을 제치고 드리블하며 골대를 향해 달려갔어요.
그리고는 온 힘을 다해 힘차게 공을 찼죠.
동시에 진흙에 미끄러지면서 꽈당 넘어지고 말았어요.
모두가 깔깔대고 웃었어요.
크게 다친 곳은 없었지만, 넘어질 때 바늘처럼 뾰족한 뭔가에
찔린 느낌이 들었어요.
맞아요. 가시에 찔려 등에 상처가 난 거예요.
하지만 다니엘은 신경 쓰지 않고 계속 축구 경기를 했어요.

가시는 빠져나가고 없었지만
피부에는 흔적이 남았어요.
가시 때문에 생긴 구멍으로
박테리아 무리가 우르르르 몰려 들어왔어요.
다니엘의 몸속에는 먹을 게 아주아주 많아 보였거든요.

박테리아가 몸 안으로 들어오자, 경보가 울렸어요.

**"면역 세포들 주목!!!"**

다니엘의 몸 안에 살고 있는 수십조 개의 세포들이
침입자의 존재를 알아차렸어요.
하지만 박테리아는 정말 빠르게 먹고, 커지고, 복제하고,
먹고, 커지고, 복제했어요.
몇 시간 만에 박테리아 수는 엄청나게 늘어났어요.

수천 마리 박테리아가
　　수만 마리로,
　　　　다시 수천만 수억만 마리로!

면역 체계 경보가 울리자마자, 면역 세포 병사들이
몸속에 흐르는 피를 타고 달려왔어요.
면역 세포 병사들은 박테리아들을 닥치는 대로 삼키기 시작했어요.
하지만 박테리아 수가 너무 많았어요.
면역 세포 병사들이 지고 말았죠.

박테리아의 공격을 막기 위해
이번에는 거대한 대식 세포 병사들이
달려왔어요.
대식 세포 병사들은
작은 박테리아들을 먹어 치우기 시작했죠.

**하지만 박테리아들에게는 무시무시한 독이 있었어요.**
수많은 박테리아들이 끔찍한 독을 뿜어내자
대식 세포 병사들이 녹아내리기 시작했어요.
그동안에도 박테리아들은 계속 커지고 복제되었죠.

축구 경기를 마치고 다 함께 씻으러 갔을 때
친구 브루노가 말했어요.
"등에 붉은 점이 생겼네."
브루노가 점을 살짝 만지자, 다니엘은 비명을 질렀어요.
"아야!"
저녁 식사 시간에 다니엘은 선생님에게
새로 생긴 붉은 점을 보여 주었어요.
"벌레에 물렸나 봐. 약을 발라 줄게."

## "하지만 너무 아픈걸요!"

다니엘은 찔끔 눈물을 흘렸어요.
선생님은 벌레 물린 데 쓰는 약을 발라 주고는 말했어요.
"자, 이제 잠자리에 들 시간이야!"
침대로 가기 전, 다니엘은 욕실 거울에 등을 비춰 보았어요.
붉은 점처럼 생긴 상처는 딱딱했고, 화끈거렸고,
아주 많이 아팠어요.

등이 아파서 다니엘은 잠을 이루지 못했어요.
자꾸만 뒤척이는 바람에 침대는 쉴 새 없이
삐그덕삐그덕 소리를 냈죠.
"가만히 좀 있어, 다니엘. 난 자고 싶다고!"
브루노가 불평했어요.

수학여행을 온 지 3일째 되는 날 아침,
다니엘은 비 오듯 땀을 흘렸어요.
등이 아주 많이 아파서 거의 움직이지도 못했어요.

다니엘의 몸 안에서는 여전히 전투가 진행 중이었어요!

## 박테리아 수는 엄청나게 늘어나 있었죠!

박테리아들은 몸속 혈관 바로 앞까지 다가와 있었어요.
이대로라면 다니엘은 생명을 빼앗길 수도 있었죠.

아침 식사 시간이 되었을 때,
브루노는 선생님에게 달려갔어요.
"선생님! 다니엘이 아파요.
밤마다 끙끙거리면서 뒤척였는데,
지금은 일어나지도 못해요."

선생님은 다니엘의 방으로 달려왔어요.
다니엘의 몸은 아주 뜨거웠어요.
땀에 흠뻑 젖어 있었고요.
상처가 심각한 염증으로 번져 있었어요.
선생님이 체온을 쟀어요.
"맙소사, 40도나 돼."
"정말 많이 아파요…."
"걱정하지 마. 우리가 돌봐 줄 테니까."
선생님은 트랙터 운전사에게 달려갔어요.
"주앙! 지금 빨리 다니엘을 병원에 데려가야 해요.
등에 난 상처가 심각하게 감염됐어요.
열이 40도나 된다고요."
"하지만 선생님, 육지로 가는 보트는
저녁 밀물 때가 되어야 출발할 수 있어요."
"병원에 전화해야겠어요! 아마 헬리콥터를 보내 줄 거예요.
아이가 위험하다고요!"

그 사이에 박테리아들이 붉은 강으로 뛰어들었어요.
다니엘의 생명이 위험해졌어요!

이번에는 다니엘의 뼈 안에서 수천만 개의 면역 세포들이 만들어졌어요.
**이 세포들은 혈관을 타고 마지막 전투 장소로 이동했어요.**

**박테리아들은 깜짝 놀랐어요.**
다양한 면역 세포로 구성된 대규모 군대가
온 힘을 다해 박테리아들을 붉은 강에서 밀어내기 시작했거든요.
다니엘의 혈액 중 일부가 혈관에서 빠져나와 굳기 시작했어요.
거대한 혈액 보호벽이 만들어졌죠.
보호벽은 다니엘의 몸이 더 이상 박테리아에게 공격 당하지 않도록 막았어요.

다니엘의 등에 난 상처는 점점 더 커지고 단단해졌어요.
이제는 볼록 튀어나와 부풀어 오르고 있었죠.

**등이 불타는 듯했어요.**

몸 안에서는 더 치열한 전투가 벌어졌죠!

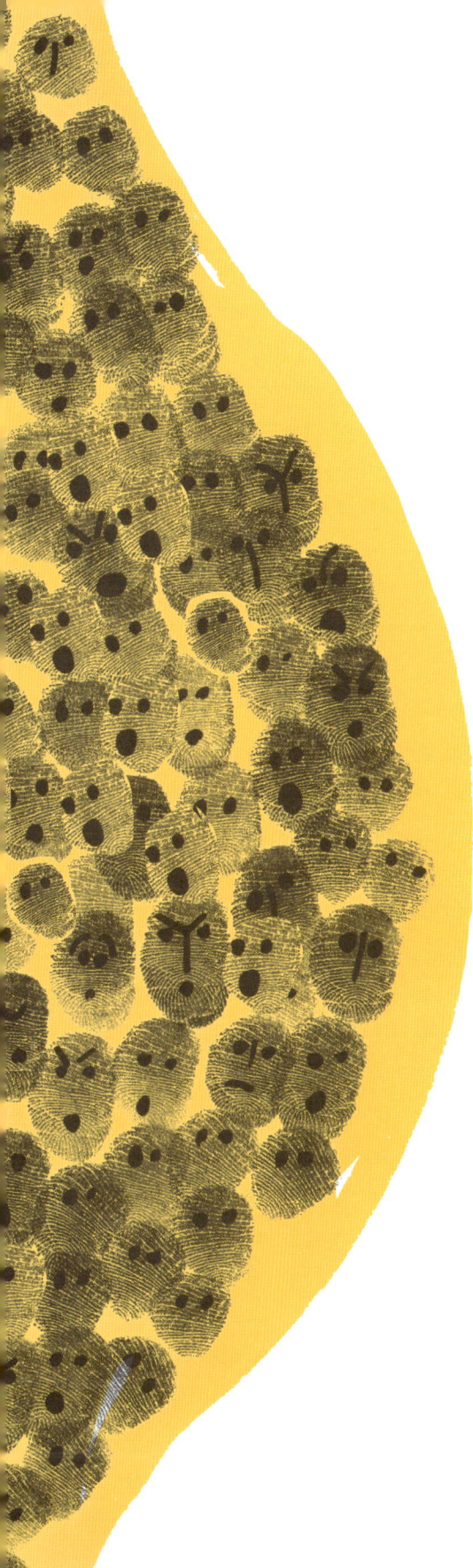

**"박테리아를 포위하라!"**

면역 세포 병사들이 힘을 합쳐
박테리아들을 피부 방향으로 밀어냈어요.

잔뜩 부풀어 올랐던 상처가 터졌어요.
박테리아들과 응고된 혈액 조각, 죽은 세포들이 고름이 되어
밖으로 분수처럼 쏟아져 나왔어요.

## "상처가 터졌어!"

### 면역 세포들이 전투에서 승리했어요!

다니엘은 조금 편안해졌어요.
이제 살 것 같았죠!

**다음 날 아침 식사 시간에**
다니엘은 티셔츠를 들어 올리고는
붕대로 감은 상처를 보여 주었어요.
**"우아!!!"**
친구들 눈이 휘둥그레졌어요.
"말도 마. 어제는 거의 죽을 뻔했다니까!
알고 보니까 내 몸속에 거대한 외계인이 살고 있더라고."
그날 저녁 때쯤, 상처가 터지면서 피부에 새로 생긴 구멍은
거의 아물고 있었어요.

그날 밤, 다니엘은 편안히 잠들었어요.
몸 안에 있는 수많은 세포들은 피부층을 재구성하고 있었죠.
박테리아들이 또다시 침투하지 않도록
세포들은 질서 있게 피부를 만들었어요.

# 황색포도상구균들은 모두 사라졌을까요?

다니엘의 피부에는 여전히 박테리아들이 살고 있어요.
둥근 황금색의 배고픈 포도상구균들은
조용히 다음 기회를 기다리고 있죠.

### 글쓴이  플라비오 알테르툼 Flavio Alterthum

플라비오는 과학 이야기꾼이에요. 상파울루 대학교와 준디아이 의과대학에서 미생물학을 가르쳤고, 지난 50년 동안 도슨트이자 연구원으로 활동해 왔어요. 국내외에서 30권의 책을 냈으며, 120여 편의 과학기술 논문을 게재했습니다.

### 그린이  페르난도 빌렐라 Fernando vilela

브라질 상파울루에 사는 작가이자 미술 교수예요. 뉴욕 현대 미술관과 상파울루의 피나코테카 미술관에도 작품이 전시되어 있습니다. 그동안 25권이 넘는 책을 쓰고 그렸으며, 브라질의 대표 문학상인 〈자부티상〉을 다섯 번이나 받았어요. 2007년에는 볼로냐 아동 도서전에서 〈뉴 호라이즌 청소년상〉을 받았습니다.
우리나라에 소개된 책으로는 《덥석!》《이야기를 찾아 떠나는 아마존 여행》《비 너머》 등이 있어요.

### 옮긴이  라미파

어린 시절 만난 좋은 책이 오래도록 좋은 친구가 될 수 있다는 믿음으로 정성껏 책을 만듭니다. 다른 나라의 좋은 책을 골라 우리나라에 소개하기도 합니다.
우리말로 옮긴 책으로 《덥석》《빙하가 사라진 내일》《수화로 시끌벅적 유쾌하게》《1분씩 빨라지는 째깍째깍 마을》《다 찾았나?》 등이 있습니다.

### 두 작가의 만남

박테리아는 무엇일까요? 10년이 넘는 시간 동안 플라비오와 페르난도 두 작가는 예술과 과학, 종기, 박테리아, 무한히 작은 존재들에 대한 이야기를 나눴어요. 첫 만남에서 플라비오는 우리 몸에 어떻게 종기가 생기는지 이야기했죠. 과학에서 시작된 이 이야기는 결국 우리 몸 안에서 끊임없이 전투하는 박테리아의 대서사시로 완성되었어요. 미생물이라고 불리는 수백만 마리 생명체는 우리 모두가 건강하게 잘 살 수 있도록 날마다 열심히 일하고 있어요. 때로는 공격자가 나타나요. 이때가 우리 몸의 면역 시스템이 작동하는 순간이랍니다!

박테리아가 침투했다, 면역 세포 출동!

글쓴이 플라비오 알테르툼 | 그린이 페르난도 빌렐라 | 옮긴이 라미파 | 펴낸이 곽미순 | 책임편집 윤소라 | 디자인 김민서

펴낸곳 ㈜도서출판 한울림 | 편집 윤소라 이은파 박미화 | 디자인 김민서 이순영 | 마케팅 김영석 | 홍보 윤도경
출판등록 2004년 4월 12일(제2021-000317호)
주소 서울특별시 마포구 희우정로16길 21 | 대표전화 02-2635-1400 | 팩스 02-2635-1415
블로그 blog.naver.com/hanulimkids | 인스타그램 www.instagram.com/hanulimkids

첫판 1쇄 펴낸날 2024년 12월 17일   ISBN 979-11-6393-178-2  77870

* 이 책은 저작권법에 따라 보호 받는 저작물이므로, 저작자와 출판사 양측의 허락 없이는
  이 책의 일부 혹은 전체를 인용하거나 옮겨 실을 수 없습니다.
* 한울림어린이는 ㈜도서출판 한울림의 어린이 책 브랜드입니다.
* 잘못된 책은 바꾸어 드립니다.

어린이제품안전특별법에 의한 제품 표시   제조국 대한민국   사용연령 7세 이상